꼰대

형상시인선 07

꼰대

우영규 시집

책나무

自序

칠 년의 세월을 보내고서야 겨우
흩어져 있던 자식들을 모았다
잘났든 못났든 내 품에서 자랐으니 내 자식이다
이 자식들이 훗날
어떤 모습으로 세상에 살아남을지 궁금하다
다만, 세상 무서운 줄 모르고
미숙한 자식들을 떠나보내는 두려움은 감출 수가 없다
출가하는 자식들 부디
굴곡 많은 세상에서 오래 살아남아
새로이 탄생하는 뭇 생명에
희망의 촉수가 되기를 바랄 뿐이다

2015년 봄

우영규

꼰대

| 차례 |

1부

봄비, 망울 하나 낳아 놓고 13
사유의 흔적 14
사월에 눈 내리는 이유 15
송춘사 16
뾰족한 밤 18
또, 한 역을 지나며 19
적멸궁 20
소리의 이동 21
연애 22
나는 내가 기차역인 줄 알았네 23
오오카바마다라처럼 날아오라 24
꼰대 25
화신 26
억지 우주론 27
겨울 저수지의 초대 28
겨울밤 30

2부

그해 여름 33
그대라는 말 34
나에 대하여 35
밀면의 시 36
붉은 겨울 37
기다려 보는 거야 38
신사랑법 39
변명의 다른 해석 40
밤이 타고 있다 41
그대에게 이르다 42
향나무의 기억 43
고향 44
심통 45
만찬의 기억 46
나그네새 47
빈손 48

3부

침묵의 흔적　51
아이고, 할배요　52
목련꽃　53
참꽃경전　54
제3의 개입　55
달빛 한 그릇　56
노상 장례　57
소망　58
겨울이 잊힐 무렵　59
묵정밭에서 온 전화　60
박제장　62
겨울 소고　63
달맞이꽃 지며　64
생존 전략　65
세월의 강　66
미나리 하우스 밖에는　67

4부

운명처럼 돌아올 수밖에 없는 71
봄이 헐렁하다 72
낙서 진화론 73
402호의 휴일 74
나이의 무게 75
산빛처럼 우는 새 76
나무 물고기 77
구멍 78
하늘 수리공 79
미스킴라일락 80
공염불 81
심통2 82
변명 84
팽목항 오리들 85
사소한 착각 86
뿌리 깊은 선 87

해설 | 잠복기를 거쳐 발효된 서정과 관능 · 박지영 90

1부

봄비, 망울 하나 낳아 놓고

밭둑가 덩그런 컨테이너 지붕에 모여 우는,
미간만큼 열린 창틀 사이에
오종종 모여 우는,

치마 끝에 젖어 들어
위태로운 여인을 대뜸 꺼내 놓으려나
그 겹겹의 속내를
맨 허벅지처럼 꺼내 놓으려나

가지 끝에 기어이 망울 하나 낳아 놓고
겨우내 울고 싶어도 울지 못하던,
왜 우느냐고 물어도 설명하지 못하는,
주름치마 성글게 고쳐 입은
여인의 텅 빈 눈 속으로 젖어 들어
뚝뚝, 서럽게
서럽게 우는 봄비여!

사유의 흔적

모두 떠나 버린 뒤뜰에
폐허가 모여 앉아
붓끝처럼 속삭인다

아무 데나 봄이라고 쓰자마자
풍선처럼 터지는 꽃
내가 지켜보는 동안
꽃등 타고 아지랑이 몇 번이나 더디게 춤추자
어머니 나물 소쿠리는
또 몇 번인가 다녀간다

뒤뜰에 모여
어린 전령사처럼 둥둥 북 치는
애절한 움들
쑥물처럼 쓰디쓴 어머니의 유전자
겨울과 봄 사이에 박힌 보석이다

사월에 눈 내리는 이유

사월에 눈 내리는 것은
봄날에도 잠자는 원추리에
본모습 일러 주려는 봄눈의 속셈이겠지

오래 단절된 기억이 방문을 나서서
이미 단단해진 감정을 목발처럼 짚고
자신이 누구인지 인식하라는 뜻이겠지

처음의 나를 찾는다는 것은 상상도 할 수 없지만
독 안의 쥐처럼 위험한 지금이
처음의 자신은 아니었는지
기억이라도 해 보라는 것일까

처음의 나를 불러 세우려고
먼 길을 돌아
눈 내리는 사월을 하염없이 걷는다

송춘사

작별의 인사법을 몰라
발톱 하나 빼놓는다

몸뚱이보다 먼저 쓰러지는 꽃
철쭉꽃 지는 하오에
꽃등에 업혀 숨 차오르도록 지친 봄에게
박초바람은 몇 번이나 고통을 참으라 한다

봄볕에 시로 박혀 곱게 읽히던
꽃 져 내린 바닥에 매캐한 바람이 불면
떨어지지 않으려고 몸부림치는 꽃도 있고
탈출하려고 생떼 부리는 꽃도 있다

박명의 저 시들이 철쭉의 다리를 건어찼다

아! 잠시 당황하여 잊을 뻔했습니다
발톱 상처 다 아문 걸 보았고
철쭉 몸통이 커진 걸 보았으니
이제 걱정 마세요, 봄이여!

송아지 콧김 따위에 무슨 일 있겠어요

꽃이여, 거듭 편히 잘 가시길…
(그제야 검은 스웨터를 걸치고 철쭉꽃 떠난다)

뾰족한 밤

지금 뭐 하느냐고?
너무 걱정하지 마라

등 하나 밝혀 놓고
밤이 일찍 무너지지 않게
잘 떠받치고 있다

그대는 애타고 나는 여유롭다

공중에서 밤이 뾰족하다
밤은 밤 아닌 때가 없구나!

그대는 한가하고
나는 뜬눈이다

또, 한 역을 지나며

칡꽃이 진 걸 안 것은
덩굴이 혈관같이 하늘 끝에 내걸린 뒤였다
내가 저 혈관을 밧줄 삼아 타고 올랐을 때
온몸을 공전하던 흉터가 모습을 드러내며
끝없는 낭떠러지로 곤두박질쳤다
꿈의 시작은 꽃이었지만
엉킨 덩굴의 마디는 모순의 역일 뿐이었다
나는 다시 또 한 역을 낳고 여름을 닫는다

제 체온을 확인하던 햇살이
종합병원 문턱에서 졸고 있는 오후
흉터조차 무겁던 사내 어깨에
고추잠자리는 불타오르는데
검진표 받아 든 그림자는 애 터지게 태연하다
병원 담장 넘어 양옥집 옥상에
더 널어 말릴 게 없는 빨랫줄에 기댄
색 바랜 마른 고추
늦가을 하늘 끝에 흉터처럼 매달려
또 한 역을 지나가며
절박한 밧줄을 기다린다

적멸궁

죄가 깊다
빛으로부터 영영 소외된 곳
우주의 신호로만 감지할 수 있는
눈길 닿지 않는 방구석
먼지 위에 고스란히 얹어 놓은
세월이 그렇다
이전의 이곳은 무엇이었기에
캄캄한 시간을 쌓았는가
고요가 깊다
소멸의 시간을 염탐 중이라고
열반에 드는 길이라고 우긴다
어둠 이외의 소유와 내통하지 않는
구석이 고요를 만나듯
어둡고 깊은 죄의 안을
일상처럼 다녀오는 나는
주저 없이 이 강박을 견딘다

소리의 이동
-열림과 닫힘 사이

그 숲섬에는 여름내 스위스풍의 노래가 들렸다
느린 속도의 파도 소리와
날갯짓 바쁜 새들이 들락거렸고
뜨거운 맥박 소리가 적막을 깨트리곤 했지만
숲섬에는 아무 일도 일어나지 않았다

아궁이에 불 지피고
밤마다 검은 물 찍어 바르며 머리 다듬던 여자가
버려진 악기처럼 외따롭던
그날 밤 내린 찬비에
폐점의 낡은 고지서 같은
빈 둥지 하나가 몇 개의 압정에 박혀
긴 그림자에 매달렸다

무선 충전을 끝낸 잎사귀들
앙상한 가지들만 낳아 놓고
들고 섰던 소리를 지하로 데려간다
지하는 집의 안이어서
나는 이제 들어앉은 소리를 듣는다

연애

제 몸을 제 안에 한 아름 품고
구붓구붓한 눈썹만 내미는,
뒤로 몰래 휘영청 속 다 채우고는
시치미 뚝 떼고
섬 하나 붙잡아 놓는
저 바람기 많은 눈썹달

기다림 조금 아픔 조금 섞인 몸짓을
눈멀도록 지키게 해 놓고
저 혼자 구부러지도록 그윽하기만 한

하고 싶은 말 못해
속 앓는 외딴섬, 야윈 눈동자
눈물 훨훨 타오르는 달빛 섬에
기별도 없이
몸속만 잠깐 다녀가는

나는 내가 기차역인 줄 알았네

한 무리는 자욱하고
또, 한 무리는 내리기에 바쁜
환승역 승차장
누구는 내일을 향해 떠나고
누구는 현실로 돌아오는지

이 밤이 전자시계의 숫자를 만지작거리는 시간
차창의 불빛들이 나를 오늘만큼 나누어 놓고
오래 머물렀던 시선을 끌어당기며
당연한 듯 역을 떠나가네

멈춘 것보다 더 나를 느리게 하는
어둠이 상·하행 화살표를 꽁꽁 묶어 두는 교차점에서
내 심장은 꽃처럼 가렵네

나를 두고 떠나가는 수많은 이름들
물끄러미 바라만 보는
문득 나는 내가 기차역인 줄 알았네

오오카바마다라처럼 날아오라

기억의 신호를 따라 떠나갔다는 나비
그의 본명은 오오카바마다라[1]
아무도 모르는 길
아무도 가르쳐 주지 않은 길
대체 어떻게 알고 갔을까
이제 떠나고 없다니 오오카바마다라여!
캐나다 들판에서 멕시코
조상의 숲으로 돌아간다니
필생의 환생이겠다
그러나 떠나간 숲은 상처로 남았으므로
이제 치유의 입술로 다시 오면
먼 길 돌아 또 한생이겠지
호적 없이도 알아보는 조상으로 오라
어머니 나비여!
오오카바마다라처럼 날아오라

---

1) 오오카바마다라(모날카나비) : 북미와 남미에 걸쳐 서식하는 제왕나비. 캐나다, 미국 국경 근처에서 멕시코 미초아칸으로 3,000km 이상을 대이동한다.

꼰대

큰아이 살림 꾸려 나간 방
벽 거울이 나를 불러 세운다

툭툭 불거진 굴곡
문양 굵게 박힌 얼굴에
암각화된 흔적 선명한 사내
야생의 단독자는 간데없고
구겨진 종잇장처럼 거울 뒤에 눌어붙은 저 표정
한 세월 떠맡았던 증거라고 우겨 본다

거울을 빠져나가는 순간 사그라질 모습
각질 같은 아버지라는 이름을 단 채
자존이 빠져나간 저 껍데기
내 어릴 적 꼰대 모습이다

때 묻은 사진첩에서 아버지가 걸어 나와
내 몸에 포자처럼 달라붙는다

화신

어스름에 매달려 울어대는
매미는 본디 북극의 새일지도 모른다
남루 한 벌 벗어 던지고서야 비로소
때 기다리는 저 몸짓은
밤을 날아 본향에 닿고 싶은
마지막 결행 같은 것이다
그렇지 않고서야
미루나무 끝까지 오를 리 없고
목청 다해 울부짖을 수 없다

나도 본디 큰 눈의 사슴일지도 모른다
그렇지 않고서야
내게서 언제 강을 건너가
그리움처럼 웅크리고 앉은 저편,
부르면 오히려 멀어지는 행성을 바라보며
언제쯤이나 한번 닿아 보나
목 빼고 눈만 껌벅일 수는 없다

억지 우주론
-검은빛

해 지는 쪽의 다리가 조금 더 무겁다
나는 반대편 끝에서 불안하다
저쪽이 함몰된다면 이쪽도 사라지는 것 아닌가

붉은 추 하나가 서쪽을 지그시 누르자
북편의 산과 마을, 길, 나무
그들의 아우성도 멈춘다
벙어리 해 속으로 들어앉은 우주

(어둠은 중력의 법칙을 무시한다며)
그렇다면 슬슬 공중 부양할 때가 된 것
재빨리 나는 어둠을 날아올라
(밤이 빛을 잉태했다고 단정 지으며)
미리 빠져나간 그들의 익숙한 신호를 듣는다

이제 그들을 맞이해야 할 때
그러나 어둠은 나를 데리고 어디로 가는가
아! 이 완벽한 우주, 무성한 고립이다

겨울 저수지의 초대

질 나쁜 재생 종이 구겨지는 소리에
한발 물러섰다 돌아오곤 하는 미루나무를 지나쳐
반원을 그리며 걷는 남녀가
어둠의 포위를 뚫지 못하고
산 울음마저 빠져나간 저수지에 갇힌다

수많은 핸드폰 번호들이,
뼈저린 이름들이 하나로 묶이고
하루가 통째 묶인다

이제 익숙한 그 길로 일상처럼 되돌아오리라
어둠의 모가지를 비틀어 쥐고
기세당당한 시간은 기어이 오리라
텅 빈 포장마차에 매달려 인내하는 불빛이
금요일을 지나간 얼굴들을 궁금해하지 않는 것은
누나도 오빠도 아닌 촌수들이
어둠을 거느리고
사랑을 무효화시키는 과정을 기다리기 때문이리라

아직 차오르지 못한 달이 덩어리 채 아픈,
아무것도 낳지 않는 겨울밤
2막 무대를 준비하는 주남저수지에 자기장이 인다

겨울밤

흔들리는 그림자로 그는 온다, 날개처럼
느티나무 앙상한 나뭇가지 위
눈 감아 버린 창가
갈기 찢긴 온몸으로 그는 온다
간간이 비치는 짙푸른 가시광선 몇 가닥을 지나
익숙한 공터 한가운데서 한 바퀴 돌아
그는 온다
그림자 납작이 매달려 애원하듯 붙잡아도
창 넘어온다
비명처럼 흩어지는
붙잡을 수 없는 슬픔처럼 온다
식은 맥박만 잡히는 그를 안고
기웃거리는 밤을 재운다

2부

그해 여름

저 어둠이 온전해지려면
새 한 무리 더 서쪽 하늘로 날아가야 하네

골목은 어둠의 이빨 자국투성이네

땟물 바른 채 돌아온 아이 앞에
불어 터진 수제비는 저 혼자 배부르고
생니 앓듯 옛날을 앓는 사이
저절로 애끓이던 그녀는 북편 하늘로 떠올라
밤마다 푸른빛이네

한눈에 봐도
어머니 녹여 만든 푸른 보석
점점 멀어지는 그 여름 별빛에 매달려
처음으로 펑펑 우네

그대라는 말

달비골 자락 숭숭한 나뭇가지 사이로
다 식은 국물 같은 그대가 나타나
늦은 오후의 겨울 쭉정이를 밟고 지나간다
목덜미 감싸며 들리는 소피국집 송풍기 소리가 달다

나는 지금 그대를 안고 어디론가 떠나려 한다
그대를 안고 떠난다면
외로움에 파묻혀 숨조차 쉬지 못한다는 걸 알기에
나는 겨우 그대라는 말만 안고 떠나려 한다

언 아스팔트 위에서 도르르 구르는 그대라는 말
바스락거리며 띄엄띄엄 따라오기도 하고
바람의 속도만큼 저만치 먼저 가 기다리기도 하고

파르르 떠는 내가 누구인지도 모르고
내 말의 꼬리만 따라와
오랜 친구처럼 서성대는 그대라는 말
나 오늘 둥글게 번지는 심장의 파문 때문에
외롭지 않다

나에 대하여

한 벌의 새 옷에 온갖 흉터를 집어넣는다

팔을 집어넣자 소년이 사라지고
혈기를 집어넣고 무지를 집어넣으니
청춘이 사라진다

마지막 남은 흉터를 집어넣고
깜박 잊은 바지 지퍼 눈치껏 닫으며
어색한 나를 더듬는다

검열하듯 거울이 불러 세운다

허옇게 익은 머리카락
괴물 같은 주름
그 감출 수 없는 무게, 기막히게 가려낸다

아무리 애써 숨겨도
몸에 달라붙은 한 짐 세월은 어쩔 수 없다

밀면의 시

부산을 늘여 양산을 잇는
7번 국도변
식당을 반죽하는 할머니
입 굳게 다물어야 밀면이 되는지
침묵을 밀고 있다
그에게서 밀려 나온 면발 한 그릇은
허기진 길손에게 가락진 말 한 그릇이다
피난 시절 배웠다는 밀면 반죽은
말문 닫힌 것이 팔자인 듯이 묵묵히 살아온
할머니 식 또 다른 말이다
오래 이긴 반죽이 더 맛있다는 듯
점점 밀도를 줄여 가는
손과 반죽의 대화는 천생 시다
온몸 진 다 빼며 꾹꾹 눌러 만든
밀면 한 그릇을 대뜸 먹어 치운 길손은
시원으로 가는 동반자라도 만난 듯
의기양양이 할머니의 시를 배 속에 품고
통도사 일주문에 든다

붉은 겨울

금호강 언저리 몸 닳던 잔설
노숙하다 들킨 이팝꽃으로 와
이방인처럼 낯설다
강 건너 저무는
이랑의 너른 속은 아직도 닳고 있는지
재두루미 불쑥 하늘 차고 떠난
물안개 피어오르는 강에 도열한 이팝나무
통째 투사되어 일렁이는 강물에서
붉게 물든 이팝꽃이 왈칵 밀려온다
앙상한 이팝나무 아직 살아 있다는 증표로 흔들리며
금 간 유리처럼 번쩍이는 해 질 녘
금호강 허공에 실금 이으며
아슬아슬하게 버티는 붉은 물그림자가
문득 어느 먼 여인이
기별 없이 날 잊을 때처럼
아찔하다

기다려 보는 거야

빗질한 겨울 햇살에
홀로 핀 수선화
꺾을 수도 없고
보고 있자니 괭하기만 하고
내 속에 심어 놓자니
온통 그늘뿐인데

한 세월 저렇게 버티면 어쩌지?
기다려 보는 거야
내게 햇살 스밀 때까지

신사랑법

고속도로 휴게소 뒷동산에
산만한 나무가 있다
검버섯 핀 팔 부러져도 아직 힘쓸 만한지
무게 잡은 모습이 삼국시대 장군쯤 돼 보이는데
겁 없는 아지매들 슬그머니 더듬으며
펑퍼짐한 엉덩이로 쿵쿵 신호 보내고 있다
실룩거리는 음행에 기가 오른 나무
부러진 팔에 지팡이 짚고서도
엉덩이 탄력을 즐기고 있다
대낮에 하는 짓이 묘하여 다가가 보니
비석에 적힌 나무 나이 육백 살이라나 어쨌다나
나무 몸통에 튕겨 나면서도 집요하게
엉덩이가 일그러지도록 치받으며
육백 년 된 말초신경을 자극하고 있으니
그 사랑에 푹 빠진 나무
얼마나 더 오래 살지 궁금하다

변명의 다른 해석

안면도 꽃지해변
할미바위와 할배바위 사이
쌍 바위 가랑이를 벗어나지 못해
옹이처럼 박힌 조개가 있다

썰물 갯바닥에 숨어 모래 똥만 게워 내다가
생각 없이 속살 드러내는 돌조개
밀물에 제 몸 숨기기에 바쁜 저 짓은
하늘 한쪽에 덧없이 박힌 낮달처럼
그저 간절함뿐인 옹이다

아무리 단단한 껍데기 달고 살면 뭐하나
제 몸 하나 어쩌지 못해
또 갇히고 마는 운명 같은,
골백번 더 벗어나려 해도 벗어나지지 않는
옹이 같은 제 몸을 툭툭 치며 확인해 보는
시 밭의 수도자 같은

밤이 타고 있다

그대 불면의 밤이 바람에 업히더니
그새 몰래 다녀간 건지
경사 심한 나뭇가지에 매달려
애원하듯 창문 두드리더니
이 밤도 모르게 다녀갔는지
혹시나 싶어 창문 열어 보았더니
진눈깨비처럼 내린 별 속에
별똥별 하나 허공으로 사라진다

아무리 바삐 다녀갔어도
아무리 몰래 다녀갔어도
대숲에 걸린 옷자락
그대는 아직 거기 머물고
나는 내 힘으로
작은 창 하나를 넘지 못한다

그대에게 이르다

빛과 어둠 사이에
무던히 서 있는 나무를
그대라고 부르고
세월에 맡기고 간 그리움을
그대라고 부르고
버리지도 잊지도 못하는 뿌리와 줄기의 간격을
그대라고 부르고
간격을 수락하는 지상과 지하, 좌우의
틈이 클수록 더 아픈 그 고통을
그대라고 부르고
떨어져 있어 말 못하고
귀를 맡겨 두는 침묵에게
나는 그대라고 부른다

향나무의 기억

껍질에 영등 하나 밝혀 놓고
죽은 나무에 기대어
한 나무가 다시 죽었다

아주 투명하고 어린 기억에서
영등처럼 선명해지는 교정의 향나무
헐리고 헐려 누구의 살이 되려고
봄 길을 더듬나

뿌리까지 내려간 누대의 기억 속에
소꿉동무가 건네준 몽당연필 한 자루
내 추억의 땅에 거름이 되어
향이 그득하다

고향

동무야 동무야 내 말 좀 들어 보아
누이야 내 이야기 들어 보아
너는 고향이라 쓰지만 나는 어머니라고 써
너는 고향이라 말하지만 나는 어머니라고 말해

씀바귀꽃 냉이꽃 피고 제비꽃 나풀대는 봄부터
기러기 울어 대던 가을날까지
우리 쌓아 가던 수많은 꿈들
볼이 붉던 누이야
날마다 열리는 하늘 아래
첨탑의 종 추처럼 매달려
새까만 눈동자로 화인 찍던 얼굴들, 마음들
소복소복 꿈 키우던 동무야

이 포근한 품에 안겼더냐
너는 고향이라 하지만
나는 어머니라 부르지

심통

열대야가 기승을 부리는 늦밤
대명 천변에
연인 한 쌍 둔치를 부둥켜안고
속삭이는 걸 보고 말았다

마침 어둠이 나를 감싸고 있었길 망정이지
공연히 판 깰 뻔했다
때마침 물소리가 났길 망정이지
거친 숨소리 다 들을 뻔했다

제멋대로 빙빙 공중 몇 바퀴 돌아
일순간 분해되는 가슴을
제자리에 돌려보내느라
날밤 새웠다

만찬의 기억

봄날 무궁화호 객차에서
젊은 연인 입 맞추는 소리에
시선이 삼각형으로 모여들어
부글부글 끓고 톡톡 튀며 객차가 요리된다

철길이 못 견디겠다는 듯 철커덕 철커덕
돌절구 밑 빠지는 소리에 열차가 달뜬다

호위하던 매화가 놀라
와르르 한 번 더 피자
노장도 덩달아 호위병처럼 놀란다

알고 계시라
노장도 한때
무쇠 덩어리 하나쯤 요리해 본 적 있다는 거

나그네새

약봉지 챙겨 들고
버스 기다리는 노랑부리 새
소고기 싸 들고
친정 가는 곤줄박이 새
안부 묻는 참새도 있네
옹기종기 모여 재잘거리는
성서 3번 버스 정류장에
이야기꽃 피네
꽃보다 더 향기로운 이야기꽃
허구한 날 취해 살겠네
오래 저러고 살았으니
마음 칭칭 감겼겠네
투견처럼 산 적이 있었네
그 세월 참 많이도 펄럭였네
살가운 맛 모르고 떠돌던 때 있었네
나그네새였네

빈손

우르르 푸른 유전자의 태胎들
끝까지 밭이랑 끌어안고
너무 긴 묵념이다
된서리에도 견딘 잡초, 그 질긴 기품을 무시하고
불 지르자마자
미리 주춤주춤 떠난 푸른 태, 그 길 따라
막 일몰에 맞닿는다
마지막 붉히는 하늘 끝에
저문 이랑도 잠시
한 번 더 붉게 타
그냥, 허공이다

재마저 허공으로 사라져
쥐려야 더 쥘 게 없는
홀가분한 두 손이 오래도록 따습다

3부

침묵의 흔적

고속도로 턱밑 자투리땅에 지은 농사라며
그가 가져온 배추 몇 포기
등뼈가 유난히 허옇다

어둠에 들기 위해 촉각 곤두세웠을 달팽이
눈 감고 귀 닫은 자웅동체가 남긴 흔적
세상 어떤 침묵의 등뼈가 이처럼 희었던가
고통의 똥이 그득하다

세상의 침묵이란
기어코 한 몸 되어 스스로 어둠이 되는 것
그 밤, 이미 수정 불가능한 흔적을 남기고
기슭 번지듯 떠난
어둠의 흔적을 꼭꼭 씹는다
이 시퍼런 경전을

아이고, 할배요
－농부 수업

땡볕이 전 펴고 노는
비탈밭에 넉걸이하던 남자가
땀에 젖어 헛껍데기처럼 홀쭉해진
윗도리를 몸에서 이탈시켜 놓고는
그늘에 들어앉아 나무와 한 몸이다
아예 자드락길 소나무 그늘이다

슬렁슬렁 밭고랑 오가며 여유 부리는
농부의 묵언 설법을 알아채지 못하고
땡볕에 오기로 타오르던 초보 농군은
머리통 폭 익고 낯짝 검붉게 다 익어
눈부시게 조용하다

땀에 전 옷 산문에 턱 부려 놓고
안전지대로 탈출이나 한 듯
헛바닥 길게 빼물고 태연한 척하는
초보 농군이 속말 내뱉는다
아이고, 할배요!
밭 한 떼기 등짝에 척 들러붙는다

목련꽃

잔설 녹아든 물에
속살 씻던 목련꽃
저 맘대로 얼굴 내밀어 놓고
수줍어하는

엊저녁 창 너머 켜 둔 등
새벽녘에 더 밝다

밤새도록 창 밝히며
눈길 기다리는 등
중천에 내걸릴 때까지
아직 거두지 못한다

참꽃경전

땅 밑으로 한발 더 내려 딛고
옹차게 밀어 올린 불씨
만삭의 도발이다

북상하는 길 따라 불길만 댕기는
산은 없고 참꽃만 가득한
비슬산 불 질러 놓고
분명, 폭발처럼 무슨 소리가 났을 것이다

여울여울 붉은 입술에
손끝만 닿아도 까무러질 듯한
아! 이 두근거림을 어쩔까
문득 그리움처럼 목마르게 타기만 하는
이 난만한 사태를 어쩔까

끝내 불길의 포위를 뚫지 못하고
그저 타오르기만 한다

제3의 개입

전철에 오른 남자가 하의를 반쯤 내리고
시선을 끌어모은다
시선이 모였다가 흩으며
한 여자의 혀끝이 끌끌거린다

(강박을 견디며) 이봐요, 말로 하세요

어디선가 본 듯한 저 몸짓
누군가 내 과거를 기억하고 있는 걸까
표정 들키지 않으려고
긴장하며 모은 숨 겨우 풀어 놓고 보니
멀쩡하던 심장이 뛴다
아! 지금 그의 과거에 가면 추방당하리라

(절박한 심정으로) 이봐요, 날 따라 하지 마세요

달빛 한 그릇

갓바위 오르는 길
암벽 사이 작은 불상 앞에
누가 갖다 놓았는지
밥 한 그릇 올려져 있다
덩그렇다, 피어오르는 김은
지극한 소원이다
제단에 오른 정성은 희다 못해 푸르다
너부죽한 달이 떠오르자
푸르게 닳은 소원 한 그릇은
한 덩이 달 품은 섬이다
세상의 어머니 모두 달 부처가 되어
한 그릇 소원에 담긴다
아무도 가져갈 수 없는 달빛 한 그릇
그냥 저대로 어머니다

노상 장례

파지 담긴 손수레가 절룩거리며
건널목을 건넌다
파지 하나가 건널목에서
절룩거리다 쓰러진다
애써 외면하던 거리의 표정들이
손수레에 실려 함께 절룩거린다
거리의 시늉에 노인은 무심하다

해거름이 버무리는
무거워진 해를 비켜 눕히는 시간
어제보다 짙은 그림자가
절룩거리다 쓰러진 파지들을 밀어 넣으며
재생 자원 창고를 마구 염한다

비겁한 거리의 비늘 같은 시늉들이
어둠에 질근질근 밟히며
쓰레기 속으로 암담하게 묻히는 장지에
집게 차가 꽉꽉 한 번 더 뭉갠다

소망
-눈 내린 명파해안

명파해안[1]에는 세월이 떠밀어 놓은
희미한 폐선의 늑골이 보였고
철책선은 홀로 골똘했다
횟집에서 칼질당한 다금바리 비늘은
모래밭에 추억처럼 켜켜이 쌓였으나
아직 과거에 다 이르지 못한
그녀의 칼질은 하나의 의식이었다
빈 목선이 돌아온 지도 육십 년 넘은
피란의 기억이 적막에 들어앉는 밤
먼 그리움이 적막에 낭자하다
육십여 년의 약속을 터벅터벅 걸어서
피란의 밤이 맞닿은 철책은
그녀의 마음처럼 숭숭 구멍 뚫려
하얗게 곰삭은 달의 뒤편이다

---

1) 강원도 고성 최북단 해안

겨울이 잊힐 무렵

무순에 밥 비벼 먹다 멈춘다
톡 쏘는 것이 코끝에 맺힌다
여린 몸에 매운맛을 담기까지
고난의 긴 시간을 지나는 동안
옹골지게 이룬 축적, 맵다
태어나면서부터 가진 제 것
온전히 안고 살아가야 한다는 다짐으로
맵게, 더 맵게 뭉치는 아우성
나는 저 고집을 맛있게 씹는다
가장 나다운 나를 꿈꾸던,
아! 고장 난 마리오네트의 삶이
명치끝에서 일순 뭉클하다

묵정밭에서 온 전화

낡은 거미줄만 간당거리는
묵정밭에서 자란 풀 이파리들
푸른 그늘 흔들며 떨어내던
이슬방울 소리 들릴 듯 말 듯
저대로 자라다 말라 버린 풀잎 끝을
건드리기만 해도 바스러져 내릴 것 같은
서러움은 먼 들판으로 떠나가고
살과 뼈 바르기를 반복했던 자리에
하얗게 되살아난 서릿발이 마당을 떠돌다
빈집 전화기 속으로 들어가는 첫새벽
벨만 울리고 끊는 전화가 왔다

회전문을 밀고 나오니
쌉싸래한 커피 맛보다 좋은 날
부동산 중개업자를 따라 나선 길 언저리서
지배자처럼 나를 호령하던 묵밭은 정지된 역이었다
나는 이 조용한 역에서 환승하리라

눈 뜨자 그때부터 다시 쉬지 않는 역
세상의 희망과 절망을 한목에 안은
내가 머물렀던 역에서 그때처럼
해묵은 각오 허겁지겁 꺼내 들고
조심스레 빈집 전화번호를 누른다

박제장
        -어린 주검에 대하여

봄 길 트는 와룡산 숲길
새끼 새 한 마리 다리 말고 죽은 자리에
한 되쯤 바글거리는 파리 떼들
남 속도 모르고
제 배 채우기에 바쁘다

깃털 소복한 어린 것이
둥지를 떠날 리 만무하건만
어미의 증오가 개입하기 전에
차라리 포근한 햇살 한 움큼이면 족하겠다
짧은 생의 흔적이라도 남기려면
바람 한 줌이면 딱 좋겠다
봄볕에 잘도 마르겠다
나풀거리는 한생이
장난감 새처럼 박제된다

겨울 소고

마른 풀등 밟고 간
마지막 순례자의 흔적 선명한
한티 성지 순교자 묘역에 어둠이 내린다

삶의 해설서처럼 열거된
빈 술병, 피 묻은 거즈, 해열제 껍데기
세월 갉아먹은 낡은 시침들 모두
이제는 아무도 궁금해하지 않는다

너무 먼 어둠이어서
기억에도 삭제된 주검들
한목에 안기지 못한 상처들이
허연 백치로 피어나
천지간 서걱거리기만 할 뿐
칼바람에 엎드려 숨은 저 유물들은
망각이라는 종교를 키우는,
차라리 동결된 꿈의 성이다

달맞이꽃 지며

당신을 위해 끝까지
이 한 몸 챙길 수 있었던 시간
당신의 눈 속에서
편히 떠날 수 있는 이 순간
격렬한 아픔과 기쁨과 치부를
한목에 드릴 수 있어 행복합니다

끝까지 나에게 관심 보여 준 당신
고마워요. 그 눈길
마르고 닳도록 이 한 몸 다 보여 드렸으니
나에게도 뭐라고 한마디 해 주세요

나의 마지막 모습이
당신 눈 속에 박혔다가
다음 세상에 더 아름답게
황홀히 다시 태어나고자
이제 당신의 슬픈 기억 속으로 져 내립니다

생존 전략

식당 주인 여자 뒷모습 좀 보소
골반 청바지와 배꼽티 사이
한 뼘이나 내놓은 허연 허릿살은
궁핍한 사내 눈길 끄는 책략이다

공사장 인부 퇴근 술상 앞을 지나며
못 본 척 딴청 부리는 여자를
짓궂은 사내가 집적거려 보는데
가만 놔두라는 말, 은근히 관심 끄는 능청에
엉큼한 사내 눈길이 골반 밑을 크로키 하자
완성되어 가던 여체가
꾸역꾸역 몸피를 감춘다

개숫물 한 바가지 식당 밖으로 휙!
날벼락 맞고 달아나는
동네 개 꽁무니에 대고 주절대는 여자
귀걸이, 목걸이, 팔찌, 발찌 요란하게
걸이라는 걸이는 다 건 저 용태
처음엔 일용직 종업원인 줄만 알았다

세월의 강

마지막 저항을 읽어 가던 늦가을 강
산허리 돌아가던 떡갈나무 잎
부르면 돌아볼 거리에서
문장에 쳐진 부호처럼 멈칫하다가
결국 떠나간다

그렇게 돌팔매질해도 파문만 그리던
세월에 익숙하던 강
한 번도 어디로 떠나가 본 적 없는
숨겨진 추억조차 떠나보내고
기어이 어둠을 부른다

강이 닫히고 가을이 잠기고
이제 아무 데도 없는 사내만 남겨 놓는다
아직 저를 다 찾지 못한 사내는
옷깃을 여미고도 저를 잠그지 못한다

미나리 하우스 밖에는

키만 삐쭉 자란 미나리
사과 상자 위로 쫓겨나서
이월 추위에도 생생하고요
도로변에 쭈그리고 앉은 할머니
목도리 사이로 찬바람은 휘젓고요
오들오들 떠는 강아지는 서글프고요
세상 물정 모르고 눈치 없이
미나리 한 단 얻어 가려고
할머니 뒷등을 쩝쩝거리는
동네 영감은 참, 추레하고요
때깔 좋은 미나리 이리저리 고르는
인물 반반한 사내는 더럽게 치사하고요
몸에 좋다는데도 머뭇거리는 사람들
손짓만 요란하고요
뿔난 미나리는 뿔만 쑥쑥 내밀고요
좀 더 추우면 할머니 머리에도 뿔나고말고요

4부

운명처럼 돌아올 수밖에 없는
－강물의 시

돌아오지 않을 것 같던
새끼 은어 떠나간 강에 찬바람이 인다

사방은 캄캄한 영점의 시각
미세한 움직임들은 물소리에 포함될 뿐
깨어 있는 모두는 강물에 든다
해독할 수 없는 문장들이 떠다니는
긴장의 틈으로 부는 강바람은 무기처럼 위험하다

어둠에 씻기며 개별자로 들어앉는 적막에
긴장의 축을 흔들며
멍들은 몸을 훈장처럼 달고 오는
늙은 어미를 보았다

태생의 지도를 목숨 걸고 해독하며
지느러미 하나를 떼어 놓고라도
운명처럼 돌아올 수밖에 없는 어미에게
은밀히 나의 길을 묻는다

봄이 헐렁하다

온몸 풀어 젖히고
맘껏 아무거나 받아들이는 들판
봄과 내통하며 여기저기 녹물 흘리는
밭 가랑이 헐렁하다

파편처럼 튀어 오르는 땅 살에
원추리, 개나리, 강아지풀…
아무거나 쑥쑥 낳는 땅

겹겹의 겨울옷
홀홀 벗은 채
아무 데서나 쭉쭉 젖 빨도록
온몸 내어주는 대지가
안으로부터 무질서하게 해체되는

헐렁한 봄이 소란하다

낙서 진화론

공중화장실 문짝에
엄지손가락만 한 여자
담뱃불에 꾹꾹 화인 찍힌 여자
화장실을 지키는 여자
아무나 쳐다보는 여자
하루도 편할 날 없는 여자
쓸개도 없는 여자
무슨 낙서 같은 여자
1980년대 같은 여자

어느 낙서의 말씀을 읽고
슬그머니 일어나 벽을 박차고 나가
거울 앞에서 입술 고쳐 물 것 같은 여자
낙서의 분신 같아서
얼굴에 온갖 낙서를 하고서야
비로소 미래 같은 여자
바지춤 주섬주섬 여미고
총 총 총 시외버스를 타는 여자
공중화장실 문짝에 뭐라고 적혀 있던
무슨 말씀 같은 여자

402호의 휴일

해가 차오르면 비워지는 집의 휴일
늦은 아침 식탁에 고물같이 버려진 남자가
덜거덕거린다

푸석한 밥맛은 입맛이 변해 그런 것이려니
어쩌다 구운 수입 비린내에 비위가 뒤틀려도
별나서 그런 것이려니 하고 말던,

고물이 된 남자가
소파에 고요처럼 고여 있던
지난 신문을 다시 펴 들고
수입 생선은 비린내가 많이 나고
수입 쌀은 밥맛이 없다는 기사를 소리 내어 읽는다

아내가 기어이 세금 고지서를 꺼내 놓고는
알아들을 수 없는 주문을 외우자
조용하던 휴일이 요란하게 팔랑거린다

나이의 무게

아들이 아버지 생일이라며
객지서 보낸
지폐 몇 장 든 봉투
아내가 책상 위에 툭 던져 놓는다
얼마냐며 따져 묻지 말라는 눈치 역력한데
거참, 부쳐 온 액수가 궁금한 게 아니라
그대 속내가 더 궁금하다
취직 걱정했던 어미
묘하게 입 다문 꼴이나
감추듯 봉투 집어넣는 아비
저 꼴들, 마치 짙은 그늘이다
꾹꾹 눌린
그늘의 무게가 천근이다

산빛처럼 우는 새

바람길 트인 전선 위에 늘어선 겨울새
세상 가장 낮은 곳에서 보내는
마지막 신호음처럼 울고 있다

구천을 떠돌다 오는 칼바람으로
신경 줄 쥐어뜯는 음절로
겨울을 팽팽하게 잡아당기는 저 소리는
어느 겨울 끝에서
마지막 신호처럼 울던 여인의 울음이다

한 여자가 새기다가 만 미완성 문신 같은,
슬픔이 가장 잘 업혀 가는
앙금 같은 저 울음은
골방 문풍지로 떨던 어머니가
못다 가져간 사랑 대신 액을 챙겨갈 요량으로
검은 산빛 거슬러 오르며
은근히 내 의중을 떠보는 소리다

나무 물고기

산그늘 짙은 강물에
나무 물고기 한 마리
누가 공들이다가 말았는지
뭉툭한 저 몸
소용돌이에도 태연하다
속없이 태어나서 두려움을 모르는지
물질도 할 줄 모르는지
유유히 떠가는 나무 물고기
입이 없어 배고플 일 없고
낚싯줄의 유희에 걸려들 일 없는
나무 물고기
저대로 바다로 가서 망망대해 떠돌다가
파도의 피륙에 한으로 부서져도
고통 없이 살고 싶은
나무 물고기

구명

한 세월 온몸으로 버티고도 모자라
술 취한 외투, 밤 한 채까지 걸머지고
수직 벽을 부여잡은 부동

양각된 달로 박힌 대못
오! 이삿짐센터 인부가 그의 고집을
망치로 뻥뻥 때려 운명을 바꾼다

스무 서너 해가 항복하고 빠져나간 자리
거뭇거뭇 둘러앉은 남루한 과거
마침내 빈 입이다

그러나 저 컴컴한 그믐에 아득히 숨은
덜 아문 상처 속에는 아직
푸른 생애의 안뜰이 있다

하늘 수리공

가을 하늘에 선 하나가
평행선을 그리고 있다

아득한 평행선에 매달려
금 간 하늘을 보수하는 전선 수리공이
악착스럽다

태풍이 지나갔던 그해였던가
수련처럼 닫히고 열기를 반복하던
그가 악착스럽게
내 사랑 통의 꼼꼼한 사방을 훤히 밝혀 놓고
그 온기 느낄 틈도 없이 사라져 버린
가을 하늘 같은 얼굴을 떠올린다

보수 끝난 전선 수리공이
헌 기억 하나를 공구 주머니에 담고
아무 일 없었던 것처럼 주르륵 미끄러져 내려와
하늘 꿰맨 자국 따라 사라진다

미스킴라일락

시선의 끝과 양미간 사이
꽃과 나비와 나 사이
미스킴라일락 하나, 두울, 세엣, 네엣…

육 간 꽃 대궐에 홀씨처럼 날아 앉는
나비 살짝 앉았다가 건너뛰었다가
한 바퀴 돌아서 파고드는 곳
미스킴라일락 잔뜩 발기된 몸이,
그러니까 자주향이 더는 못 견딘다

폭발하는 향기, 함부로 취할 수 없어
내 나비처럼 날아 살짝 건너뛰어서
한 바퀴 돌아 꽃에 안긴다

올라가는 미스킴라일락 입꼬리
그러나 미소는 입가가 아닌
내 눈빛에서 미리 일어나서
나를 숨긴 채 또 나를 꿈꾼다

공염불

석가의 유품 같은 밤
돈수백배하며 염불하는
스님의 말씀은 부처가 알아듣는 것 같아서
공들이던 스님을 외면하고
이제부터 내가 중이라고 우기며
소 여물 되씹듯이 지껄여 보는데
내 염불 못 알아듣는 돌부처는
그냥 돌이다

담배 끊겠다고 단단히 각오한
미련한 중생
먼지 뽀얗게 쌓인 절간 법당에서
입에 재갈 물린 채
짓밟히는 수사법
누가 알아듣나 저 공염불

심통2

도남리[1] 들판에 자전거 한 대 외로이
바퀴 속에 노인을 집어넣고
집으로 돌아가기를 기다린다

아무리 기다려도 쓰러진 벼는 일어날 줄 모르고
논둑에 퍼져 앉은 노인은 마치 석고상이다

거대한 매미[2]가 지나간 들판에
아직도 다 감추지 못한 매미의 꼬리가
끝까지 노인의 염통을 긁어 대고
상하로 흔들리는 자전거 바퀴는
일그러진 심방의 깊이를 염탐하고 있다

울던 나무가 울음을 그칠 때까지
울음 그친 나무가 몸을 비워 낼 때까지

---

1) 경북 성주군 대가면 도남리
2) 2003년 발생한 14호 태풍의 이름

몇 개의 달이 나뭇가지에 매달릴 때까지
나무가 다시 옷 입을 때까지
마디 굵은 손이 술을 붓는다, 붓는다
염통이 넘칠 때까지

변명

묵힌 밭에 상추씨나 뿌려 볼까 하고
빈 밭 가운데 들어서니
에워싸며 발목 잡는 풀들
허정한 세상이 언 놈 발목 잡는 데 익숙하더니
잡풀들조차…
이것들을 그냥 확!

사방 잡풀도 전쟁이다

아직 손 오므리고 소복이 들어앉은 아기 민들레
저걸 약하다고 뽑아 담는 할매요
문신처럼 악착같이 눌어붙은
어린 너한테도 내가 졌다 졌어

필사의 저항에 부딪혀 파종 작전은 엄두도 못 내고
어허, 올봄도 허탕이구나

팽목항 오리들
-세월호 참사 100일에 부치는 詩

이른 장맛비 불어난 물에
눈앞의 오리알 떠내려 보내고
안절부절못하는 물오리 한 쌍
세상 빛도 못 본 새끼 물살에 휩쓸려 간 뒤에도
드센 빗줄기 온몸으로 털어 내며
금호강 심지처럼 박혀
불어나는 물길 단추 채우듯 쪼아 대는
장전된 탄환 같은 옹송그린 부리의 아픔을 읽는다

거친 빗발에도 목발처럼 선명해지는
팽목항의 어미들
제 살붙이 바닷속에 잠재워 놓은
그 고통의 무게인들 오죽하랴
세상 모든 어미의 심장에 눈물로 고이는
팽목항 언저리, 궁극에 돌아와야 할 귀환의 장소에서
어미들은 점점 단단해지는 목발이 되어
팽목항을 지키고 섰다

사소한 착각
-그림자 쫓기

골목길에서
남자는 다가오고
여자는 길 어 진 다
담벼락과 포장도로를 번갈아 오가던
'ㄴ' 자의 아랫도리가 포개진다
서로 밀어낼 수 없었던지
빌딩 숲으로 들어간 그림자
때마침 애벌레 모양의 5층 빌딩이
모텔 입구로 들어간 뒤였다

하늘이 반쯤 기울자
해는 개기일식에서 벗어나고 있다
해의 홍염이 터져 나와 빌딩 숲으로 들어간 뒤
낡은 간판의 모텔이 버티다 못해
5층 빌딩을 토해 내었다

한 몸에서 두 개의 그림자가 뛰어나왔다
5층 빌딩이 벌겋게 달아오른 뒤였다

뿌리 깊은 선

멀리 들어앉은 겨울 밭
지난 저 품속 생명 다 어디로 가고
함몰된 허리에 바람길만 난잡하다

끝내 충분히 위로받지 못했던
돌 복숭아 꼬질꼬질하던 이파리들
한 달 난 강아지 꼬리 짓
개망초 울음소리조차 모두 떠난 밭두렁은 이제
아슴아슴한 선이다

햇살이 더디게 다녀가는
위태로운 선을 밟고 서니
뼈 으스러지는 소리 난다

가끔 경련 일으키는 쇠잔해진 저 선에
헛된 결기의 보이지 않은 상처가 깊었던지
이제야 고름이 툭툭 터져 나온다

| 해설 |

잠복기를 거쳐 발효된 서정과 관능

박지영

1.

  시는 삶과 떨어져 있는 것이 아니라 근본적으로 삶과 연결되어 있다. 체험과 사상, 감정을 어우르는 세계와 거리를 두면서 언어로 다리를 놓는 것이다. 시는 세계와 시인이 대면하는 하나의 장이다. 시를 읽는 마음에도 사전 준비가 필요하다는 생각이 든다. 어떤 시는 마음을 느닷없이 쿡 찌르고 매만져 주어 미세한 동요를 일으킬 때가 있어서이다. 서정시는 이렇듯 깊이와 울림을 가지고 있어 마음을 묘하게 움직여 시를 읽는 독자에게 약간의 통증과 함께 희열을 느끼게 한다. 우영규 시인의 시 역시 이런 전통적인 서정시의 품위를 잃지 않고 그만의 시법으로 고통과 외로움을 언어로 버무려 놓았다.

  7년 만에 묶어 내는 우영규 시인의 이번 시집 『꼰대』는 특별한 시학이나 정교한 기법에 의존하는 것이 아니라 민감한 촉수로 그만의 시 세계를 그려 내고 있다. 특히, 돌아가신 어머니에 대한 애도와 자아를 찾아가는 과정, 그리고 독특한 시선으로 바라보는 폭넓은 관능의 표현이다. 그의 시는 인간의 내면에서 일어나고 번지고 소멸해 가는 그 감정들의 미묘한 무늬들을 자연

이나 사물에 빗대어 읊는다. 시인이 쓰는 언어에는 그 사람의 사고나 정서가 담겨 있다. 그의 시는 투명하고 맑다. 삶을 바라보는 시선은 따뜻하고 언어의 결은 감각적이면서도 삶에 대한 사유를 깊이 드리우고 있다. 또한 요즘 시인들의 시에서 사라져 가는 리듬이 그의 시에는 살아 있다. 시 읽기의 즐거움은 시니피앙(소리)에서 발생한다. 반복적인 것도 시니피앙에 힘을 실어 주게 된다. 시는 시니피에(의미)보다 시니피앙에 의존도가 높다. 시니피앙은 시니피에처럼 쉽게 기억되지는 않지만 시니피앙은 리듬을 남긴다.

 무엇보다 이번 시집 속의 시들은 자아의 심리 속에서 잠복기를 거쳐 잘 발효되어 나온 서정시라는 점이다. 시인이 생성하고 창조한 삶의 시간들을 모아 둔 자리에 조심스럽게 다가가 보자.

밭둑가 덩그런 컨테이너 지붕에 모여 우는,
미간만큼 열린 창틀 사이에
오종종 모여 우는,

치마 끝에 젖어들어
위태로운 여인을 대뜸 꺼내 놓으려나
그 겹겹의 속내를
맨 허벅지처럼 꺼내 놓으려나

가지 끝에 기어이 망울 하나 낳아 놓고
겨우내 울고 싶어도 울지 못하던,
왜 우느냐고 물어도 설명하지 못하는,
주름치마 성글게 고쳐 입은
여인의 텅 빈 눈 속으로 젖어들어
뚝뚝, 서럽게
서럽게 우는 봄비여!

-「봄비, 망울 하나 낳아 놓고」전문

이 글을 쓰는데 맞춤하게 봄비가 오고 있어 시인의 촉수를 따라 봄비의 서정을 느껴 볼 수 있었다. 봄비는 소리와 냄새부터 다르다. 소리도 없이 겨우내 숨죽였던 새순들 다치지 않게 보슬보슬 뿌린다. 그러니 빗방울이 방울방울 모여 천천히 젖어들어 흐를 수밖에 없다. 화자는 그것까지도 터득하고 빗방울이 "지붕에 모여 우는", "오종종 모여 우는"이라 했다. 컨테이너 지붕으로 떨어지는 빗소리를 우는 소리로, 빗방울을 눈물로 화자의 심상에 서정적으로 반영된 것이다. 겨우내 가물어서 비 한 방울 오지 않다가 드디어 내리는 봄비를 두고 "겨우내 울고 싶어도 울지 못하던"으로, 비 오는 것을 두고는 "왜 우느냐고 물어도 설명하지 못"하는데, 주름치마 성글게 입은 "여인의 텅 빈 눈 속으로 젖어들어/뚝뚝, 서럽게/서럽게 우는 봄비"라고 묘사한다. 주름치마 성글게 입은 여인은 누구이고, 그냥 우는 게 아니라 서럽게 운다 했

을까? "오종종"과 "뚝뚝"의 의성어와 "모여 우는"과 "서럽게"를 반복함으로써 시의 리듬이 살아난다. 서정시는 자아와 세계의 동화, 리듬, 정조를 주요한 요소로 꼽는다. 우영규 시인의 시에는 내면으로 흐르는 묘한 리듬이 있어 정서의 전달 효과가 크다. 시에서 소리들이 내는 울림은 미묘한 반향을 불러일으킨다. 리듬은 읽는 사람에게 어떤 감정 상태를 유발시킴으로써 그 자체로 무언가를 말하게 한다. 비가 오는 것을 "운다" 하더니 화자가 결국 눈물을 보인다. 처음으로 펑펑 울었단다.

저 어둠이 온전해지려면
새 한 무리 더 서쪽 하늘로 날아가야 하네

골목은 어둠의 이빨 자국투성이네

땟물 바른 채 돌아온 아이 앞에
불어 터진 수제비는 저 혼자 배부르고
생니 앓듯 옛날을 앓는 사이
저절로 애끓이던 그녀는 북편 하늘로 떠올라
밤마다 푸른빛이네

한눈에 봐도
어머니 녹여 만든 푸른 보석

점점 멀어지는 그 여름 별빛에 매달려
처음으로 펑펑 우네

-「그해 여름」 전문

"어둠의 이빨 자국"투성이인 골목이라니, 어둑어둑할 때 창에 불 켜진 집과 불이 켜지지 않은 집 사이의 어둠의 농도를 이리 표현했다. 이빨 자국이라면 강제로 물었을 때 나타나는 자국으로 이 말에는 동물적인 공격성이 내재되어 있다. 아무렇지도 않게 슬쩍 찔러 넣고 빠지는 이런 점이 우영규 시인의 장점이다. 언어의 결을 잘 살려 놓았다.

또한 가난했던 시절, 하루 한 끼니는 국수나 수제비로 배를 채워야 했다. 그 시절에 먹던 "불어 터진 수제비는 저 혼자 배부르고"라며 시간성과 공간성을 함축한 표현도 재미있다. 수제비는 시간이 지나면 불어서 흐물흐물 허여니 한 사발이 된다. "생니 앓듯 옛날을 앓는 사이"라는 말에서도 생니를 앓아 본 사람은 안다. 얼마나 아픈지를, 그런데 화자는 옛날을 생각하면 "생니 앓듯" 아프다는 것 아닌가. 아픔의 근원에 그녀가 있다. 그녀는 애끓다 북편 하늘에 별이 되어 밤마다 떠오르는데, 그 푸른 별이 "어머니 녹여 만든 푸른 보석"이라 하지 않는가. 화자는 점점 멀어지는 별빛에 펑펑 울고 만다. 울컥 가슴으로 올라오는 감정의 양적인 에너지 덩어리가 눈물을 쏟아 내게 한 것이다.

우영규 시인은 아프도록 어머니를 가슴에 새기고 있다. 「운명처럼 돌아올 수밖에 없는」에서 어미 물고기도 어머니에 대한 은유이고, "주름치마 성글게 고쳐 입은 여인"(「봄비, 망울 하나 낳아 놓고」)도 어머니의 대체물이다. 「그해 여름」에서는 확연하게 어머니에 대한 그리움을 피력했다. 또한, 갓바위 오르는 길에 누군가 정성 들여 퍼 놓은 밥 한 그릇이 달빛에 비춰지니 "달빛 한 그릇"이라며 "아무도 가져갈 수 없는 달빛 한 그릇/그냥 저대로 어머니다"(「달빛 한 그릇」)라는 말을 이끌어 낸다. 또한, 고향이라는 말에서도 화자는 고향을 어머니와 동급으로 놓고 있다.

너는 고향이라 쓰지만 나는 어머니라고 써
너는 고향이라 말하지만 나는 어머니라 말해

(중략)

너는 고향이라 하지만
나는 어머니라 부르지

-「고향」부분

「고향」은 어머니에 대한 그리움이 점층적으로 확장된 시이다. 남들은 "고향"이라 말하지만 화자는 "어머니"라고 쓰고 말한다. 겨울과 봄 사이 밭고랑에 파랗게 움이 돋아나는 것을 보고 "쑥물처럼 쓰디쓴 어머니의 유전자"(「사유의 흔적」)가 잊지 않고 돋아나는 것이라 한다. 「산빛처럼 우는 새」에서는 겨울새의 울음이 마지막 신호음처럼 절박하게 들리는데 그 울음은 "여인의 울음"이고 "한 여자가 새기다가 만 문신 같은 울음"이며 "골방 문풍지로 떨던 어머니 울음"이라고 구체적으로 발화해 놓았다. 이렇듯 화자가 새의 지저귀는 소리를 '운다' 하고 비가 오는 것마저도 '우는' 것으로 표현하는 것에는 어머니의 눈물과 연관된 잊히지 않는 기억이 있으리라 본다. 다른 한편으로는 그가 자서에서 말했듯이 "굴곡 많은 세상"에서 나이가 들어가면서 어머니 생각이 간절하기 때문인지도 모른다. 시인이 어머니를 생각하는 곡진한 마음은 그대로 시가 된다. 시인은 아직도 어머니를 애도하고 있는 중이다. 이번 시집은 어머니에 대한 애도 작업의 일환인지도 모른다.

그러나 여기서 짚고 넘어가야 할 것이 있다. 화자가 말하는 그리운 어머니는 현실적인 어머니가 아니라 상상 속에 표상으로서의 어머니라는 점이다. 그 어머니가 화자에게 최초의 사랑의 대상이었기에 다시금 사랑을 구현시켜 줄 것을 기대하게 된다.

2.

망망대해 저 멀리 알래스카까지 갔다가 제가 태어난 곳으로 다시 돌아오는 연어가 있듯이 은어도 강에서 부화한 어린 물고기는 하천의 수류를 따라 내려가 강 하구 가까운 연안 바다에서 겨울을 지내다가 4, 5월경에 하천을 따라 상류로 거슬러 올라 9월경 산란을 한다. 은어는 자갈이 많은 여울진 강에서 알을 낳고, 어미는 생애를 마친다.

  돌아오지 않을 것 같던
  새끼 은어 떠나간 강에 찬바람이 인다

  (중략)

  멍들은 몸을 훈장처럼 달고 오는
  늙은 어미를 보았다

  태생의 지도를 목숨 걸고 해독하며
  지느러미 하나를 떼어 놓고라도
  운명처럼 돌아올 수밖에 없는 어미에게
  은밀히 나의 길을 묻는다

                -「운명처럼 돌아올 수밖에 없는」 부분

  먼 길 돌아 또 한생이겠지

호적 없어도 알아보는 조상으로 오라
　어머니 나비여!

-「오오카바마다라처럼 날아오라」 부분

　화자는 어미 은어가 죽음을 무릅쓰고 제가 태어난 곳으로 거슬러 올라가 산란하는 것을 보고 "늙은 어미"를 떠올린다. 유전자에 태생의 지도가 각인되어 있어서 "운명처럼 돌아올 수밖에 없는 어미"들이다. 화자는 "멍들은 몸"을 훈장처럼 달고 오는 어미들에게 "은밀히 나의 길을" 묻고자 한다. 나의 길이란 은어가 태어난 곳으로 온몸에 멍이 들면서도 찾아가듯이 화자도 '나'의 자아를 찾으려는 심리이다. 자기가 태어난 곳으로 되돌아오는 은어나 오오카바마다라 나비처럼 화자도 회귀본능을 보여 준다. 다음 시들을 보면 그의 의중이 더 잘 보인다.

　처음의 나를 찾는다는 것은 상상도 할 수 없지만
　독 안의 쥐처럼 위험한 지금이
　처음의 자신은 아니었는지
　기억이라도 해 보라는 것일까

　처음의 나를 불러 세우려고
　먼 길을 돌아

눈 내리는 사월을 하염없이 걷는다

-「사월에 눈 내리는 이유」 부분

허옇게 익은 머리카락
괴물 같은 주름
그 감출 수 없는 무게, 기막히게 가려낸다

-「나에 대하여」 부분

 위의 시「운명처럼 돌아올 수밖에 없는」에서 화자가 물고기 어미에게 "나의 길"을 묻는 것은 나의 유전자의 태였던 "처음의 나를 찾"고 "불러 세우려"는 것이다. 화자는 캐나다 들판에서 멕시코로 3,000킬로미터를 이동해 조상의 숲으로 돌아가는 '오오카바마다라'라는 나비가 어떻게 알고 갔는지 궁금해한다. 나비마저도 그 먼 길을 돌아 조상의 숲을 찾아가는 것을 보고, 화자는 "처음의 나"(「사월에 눈 내리는 이유」)를 찾아 하염없이 걸으며 헤맨다. 그러나 화자는 "독 안에 든 쥐처럼" 오도 가도 못하는 지금의 심정이 "처음의 자신"의 모습이었던 건 아닐까, 라고 자문한다. 화자의 "처음의 나"는 어떤 상태를 말하는 걸까. 처음의 상태라면 어머니 배 속의 아기집에 있었던 상태를 말하는 건 아닐까.

 "독 안의 쥐처럼 위험한 지금"(「사월에 눈 내리는 이유」)의 상황에서 화자는 자신의 자화상을 본다. 하지만 「나에 대하여」에서 그가 찾은 자아는 허옇게 쉬어 버린 머리카락에 괴물 같은 주름투성이다. 명료한 자의식으로 자신과 마주 보고 서 있다. 그러면서 화자는 "어둠은 나를 데리고 어디로 가는가"(「억지 우주론」) 묻기도 한다. 거울은 주체가 보고 싶은 것만 비추기 때문이다. 한편, 화자는 현실의 거울 속의 모습에서 '나'를 인식한다. 그런데 그 모습은 누군가를 닮았다.

자존이 빠져나간 저 껍데기
내 어릴 적 꼰대 모습이다

때 묻은 사진첩에서 아버지가 걸어 나와
내 몸에 포자처럼 달라붙는다

-「꼰대」부분

어느 날 거울 속의 자신의 모습에서 자기와 닮은 아버지를 보게 된 것이다. 거울 속의 자신의 모습은 바로 자아 이상이었던 아버지의 모습이다. 나를 찾아 헤매였지만 거울 속의 '나'는 아버지를 닮은 자이다. 무의식은 영혼의 거울이라는 말이 있듯이 그의 무의식에서 그의 자아 이상이었던 아버지를 닮고 싶었기에 몸에 아버지가 "포자처럼" 달라붙어 있는 것이다. 한편 레오나르도 다

빈치는 "거울은 나의 스승"이라 했다. 이는 자신의 반영으로서의 거울과 소망의 투영으로서의 거울을 구분해 냈다는 의미다. 우영규 시인이 바라본 거울도 소망의 거울이다.

화자가 아버지를 "꼰대"라고 부르듯이 그의 아들도 그를 "꼰대"라 부를 것이다. 그런 의미에서 제목인 「꼰대」는 이중적인 겹의 의미가 들어 있다. 한편 화자는 "고물이 된 남자"(「402호의 휴일」)라고 자신을 비하하고, 「적멸궁」에서는 자신은 "죄가 깊다"며 죄의식을 내보이고 있다.

어둡고 깊은 죄의 안을
일상처럼 다녀오는 나는
주저 없이 이 강박을 건딘다

-「적멸궁」부분

화자는 "죄의 안"을 일상으로 다녀온다고 한다. 죄의식에 시달리며 죄가 깊다고도 한다. 그는 자신의 죄의식으로 인해 강박을 건딘다고 한다. 프로이트는 의식은 무의식에 의해 지배를 받는다고 했다. 죄라는 말의 어원을 따라가 보면 그리스어로 하마르티아(hamartia)로 "과녁에서 어긋나다, 길을 잃고 헤매다"라는 뜻을 내포하고 있다. "죄"라는 말에서 화자가 "처음의 나"를 찾아 거리를 헤매고 자신의 갈 길을 헤매는 것과도 맥이 닿아 있다. 아래의 시에서 화자가 "내 과거를 기억하고 있는 걸까"(「제3의 개입」) 라는 표현도 자신의 죄의식에 대한 은유로 볼 수 있다. 그럼 시를 읽어 보자.

  어디선가 본 듯한 저 몸짓
  누군가 내 과거를 기억하고 있는 걸까
  표정 들키지 않으려고
  긴장하며 모은 숨 겨우 풀어 놓고 보니
  멀쩡하던 심장이 뛴다
  아! 지금 그의 과거에 가면 추방당하리라

-「제3의 개입」 부분

지하철 안에서 바바리맨이 바지 지퍼를 내리는 걸 목격하고는 그는 놀란다. 어디선가 본 듯한 몸짓이라고 여긴 순간 혹시 "누군가 내 과거를 기억하고 있는 걸까" 하며 불안해한다. 심장이 뛸 정도다. 왜 그 광경을 목격하는데 화자는 심장이 뛰고 사내의 몸짓이 자신의 과거라고 여기는 것일까? 나와 내 안의 나, 다시 말하자면 자아와 자아 이상의 괴리감이 생겨난 것이다. 이런 환상은 범인과의 동일시 현상이라기보다 일종의 무의식적인 죄의식(原罪)에서 오는 것이다. 시적 화자가 사내의 행동에서 무의식적으로 자신의 죄가 인식되어서 부끄럽고 당황스러웠던 것이다.

서정의 힘은 자기 성찰 기능도 수반하고 있다. 화자가 「적멸궁」에서 죄의식을 드러낸 이유도 오이디푸스콤플렉스의 구조[1]가 작동하고 있기 때문이다.

3.

 샤갈은 "나의 작품은 내 추억들이다. 우리네 인생에서 삶과 예술에 진정한 의미를 주는 단 하나의 색깔은 바로 사랑의 색이며 사랑의 색이 우리를 살아가게 하는 에너지"라 했다. 삶의 욕동은 Eros에 있다. 사실 시인의 어머니에 대한 그리움이 과도해서 조심스럽게 시를 읽어 나갔다. 혹시 멜랑콜리(우울증) 상태로 접어드는 것 아닌가 걱정했지만 우려였다. 우영규 시인에게 삶의 욕동이 꿈틀거리고 있음을 시집 도처에서 보았다. 삶의 에너지는 바로 성적 욕망과 결부되어 있다고 볼 수 있는데, 다음 시들은 화자의 사랑에 대한 욕망이 어떻게 투사되는가를 잘 보여 준다.

 골목길에서
 남자는 다가오고
 여자는 길 어 진 다

---

[1] 어머니와 나의 관계에서 아버지가 개입함으로써 나는 어머니를 포기하고 상징적인 아버지의 존재를 인정해야 하지만 어머니를 포기하지 못하기에 아버지가 벌을 줄 것이라고 생각하는 것이다.

담벼락과 포장도로를 번갈아 오가던
'ㄴ'자의 아랫도리가 포개진다
서로 밀어낼 수 없었던지
빌딩 숲으로 들어간 그림자
때마침 애벌레 모양의 5층 빌딩이
모텔 입구로 들어간 뒤였다

(중략)

한 몸에서 두 개의 그림자가 뛰어나왔다
5층 빌딩이 벌겋게 달아오른 뒤였다

-「사소한 착각」 부분

    제목이「사소한 착각」이다. 위의 상황은 착각이라기보다 환상이다. 골목길 이쪽과 저쪽에서 남녀가 오고 가며 마주치는 순간과 빌딩 숲에서 이쪽 건물의 그림자에 의해 건너편 건물이 완전히 그림자에 가려지는 순간을 남녀의 아랫도리가 "서로 밀어낼 수 없었던지" 포개졌다고 상상하는 것이다. 5층 빌딩의 그림자가 모텔 입구로 들어갔다가 다시 두 개의 그림자로 갈라지는 광경을 관능적으로 묘사했다. 이러한 성적인 상상과 시선은 시집 곳곳에 있다. 언어 표현에 성적인 함의가 농후하다. 들판이나 지하철, 기차, 공원 벤치에서 화자는 남녀의 모습을 예사로 보지 않으며 봄을 관능의 계절로 보고 있다.

온몸 풀어 젖히고
맘껏 아무거나 받아들이는 들판
봄과 내통하며 여기저기 녹물 흘리는
밭 가랑이 헐렁하다

-「봄이 헐렁하다」부분

치마 끝에 젖어들어
위태로운 여인을 대뜸 꺼내 놓으려나
그 겹겹의 속내를
맨 허벅지처럼 꺼내 놓으려나

-「봄비, 망울 하나 낳아 놓고」부분

 화자는「봄이 헐렁하다」에서 봄 들판에 움이 돋아나는 것마저 성적으로 비유하여 물질적 상상력으로 접근하고 있다. 또「봄비, 망울 하나 낳아 놓고」에서 "위태로운 여인"은 봄 들판에서 쉽게 노출되는 여인(풀)을 말하는가 하면 화자에게 불안을 유발시키는 여인이다. 여인이 위태로워지는 것이 아니고 허연 허벅지를 드러낸 여인의 관능적인 자태를 보면 화자 자신이 위태로움을 느끼게 되는 것을 에둘러 표현한 것이다.
 이번 시집에는 언어 표현에 성적 함의가 농후한 구절들이 적지 않다. 나열하면 "여울여울 붉은 입술에/손끝만 닿아도 까무러질 듯한/아! 이 두근거림을 어쩔까"(「참꽃경전」). 붉은 입술과 심장의 붉은색을 사랑의 색으로 연결시켜 놓은 것이라든가, "아무데서나 쭉쭉 젖 빨도록/온몸 내어주는 대지가"(「봄이 헐렁하다」) 구강 욕동을 물질적으로 표현한 것이며, "실룩거리는 음행에 기가 오른 나무/대낮에 하는 짓이 묘하여"(「신사랑법」), "저 바람기 많은 눈썹달"(「연애」) 이렇듯 화자는 슬쩍슬쩍 시의 행간에 성적 함의가 짙은 질퍽한 언어 구사를 아무렇지도 않게 쓱 밀어 넣고 시치미 뚝 떼고 다음 행으로 넘어가고 있다. 성적인 언어 구사를 능청스럽게 함으로써 언어를 타고 향락이 흘러가는 것을 시인은 태연하게 즐기고 있다. 시적 쾌감이나 성적 쾌감은 같은 뿌리에 근원을 두고 있다. 시인은 언어로 표현하면서 쾌락을 얻고 독자는 글을 읽음으로써 쾌락을 얻게 된다. 우영규 시인은 행동하기보다 바라보고 언어로 표현하면서 즐기는 시인이다. 바라본다는 것은 시각 욕동으로 관음(觀淫)이다. 자아가 밖으로 투사된 것이다.

4.

지금 뭐 하느냐고?
너무 걱정하지 마라

등 하나 밝혀 놓고
밤이 일찍 무너지지 않게
잘 떠받치고 있다

그대는 애타고 나는 여유롭다

공중에서 밤이 뾰족하다
밤은 밤 아닌 때가 없구나!

그대는 한가하고
나는 뜬눈이다

-「뾰족한 밤」 전문

 화자는 "지금 뭐하느냐고?" 그대가 물어 오기 전에는 그는 한가하고 여유로웠는데 그 말을 듣는 순간 그는 고통스러워진다. 그대는 화자가 걱정이 되어서 안부를 물었는데, 반전이 되어서 화자가 걱정과 불안에 휩싸이게 된다. 화자의 안부를 안 그대는 한가하고 화자는 도리어 뜬눈으로 하얀 밤을 보낸다. 모르면 약이고 무소식이 희소식이라는 말이 있다. 공연히 그대의 안부 한 마디에 화자는 애가 타서 이리저리 뒤척이며 날밤을 새운다. 그러니 "뾰족한 밤"이다. "밤이 일찍 무너지지 않게/잘 떠받치고 있다"와 "밤은 밤 아닌 때가 없구나!"의 표현이 눈길을 끈다. 3연의

"그대는 애타고 나는 여유롭다"와 5연의 "그대는 한가하고/나는 뜬눈이다"에서 삶의 페이소스를 느낄 수 있다. 화자는 그대에게 자신의 감정을 드러내지 않는다. 혼자 바라보고 애태울 뿐이다. 「뾰족한 밤」은 심리적 갈등이 육체적 증상으로 나타나는 것을 보여 주었다. 고통이 시로 승화된 것이다.

  흔들리는 그림자로 그는 온다, 날개처럼
  느티나무 앙상한 나뭇가지 위
  눈 감아 버린 창가
  갈기 찢긴 온몸으로 그는 온다
  간간이 비치는 짙푸른 가시광선 몇 가닥을 지나
  익숙한 공터 한가운데서 한 바퀴 돌아
  그는 온다
  그림자 납작이 매달려 애원하듯 붙잡아도
  창 넘어온다
  비명처럼 흩어지는
  붙잡을 수 없는 슬픔처럼 온다
  식은 맥박만 잡히는 그를 안고
  기웃거리는 밤을 재운다

-「겨울밤」 전문

  그는 흔들리는 그림자로 오고, 갈기 찢긴 온몸으로 오고, 공터를 돌아오고, 애원하듯 붙잡아도 오고, 슬픔처럼 오는 그것은 식은 맥박만 잡히는 삭막한 겨울밤이다. 다른 한편으로 "그"를 그리워하는 화자의 심리로 볼 수도 있다. 그는 흔들리는 그림자로 오고 갈기 찢긴 온몸으로 오고 공터 한 바퀴 돌아오고 잊으려 하면 할수록 더 달라붙고, 슬픔에 겨워 빈방에 혼자서 "그"를 떠올리며 "그대라는 말만 안고"(「그대라는 말」) "뜬눈"(「뾰족한 밤」)으로 겨울밤을 밝히는 화자를 그려 볼 수 있다. 시인의 사랑법이 담긴 시다.

이번 시집 『꼰대』는 겨울과 봄 사이의 민감한 서정적 사유가 주류를 이룬다. 겨울은 다 비워 냄으로 인해 속살이 다 보이는 계절이며 깊이를 더해 주는 계절이고 텅 빈 들판은 시야까지 트이게 해 넓이까지도 확보하게 하는 계절이다. 겨울은 투명하고 단순하여 침묵의 세계에 젖어들게 하는 내적인 계절이다. 또한 보이지 않는 세계가 보이게 되니 인생의 깊이와 넓이를 구축하게 된다. 겨울이란 어둠의 계절이고 "아무것도 낳을 수 없는 계절"(「겨울 저수지의 초대」)이기에 우영규 시인은 자신의 의지대로 할 수 없는 자기의 영역 밖의 세계가 투영되어 있다는 것을 인식한다. 반면 봄의 긴장감과 생명력은 가히 폭발적이다. 아무거나 쑥쑥 낳고, 아무 데서나 쭉쭉 젖 빨도록 온몸 내어주는 것에서 대지모신[2]의 넓은 품으로 들고 싶은 화자의 심정을 대변하고 있다.

우영규 시인의 시를 읽으면서 재미있는 것을 발견했다. 그는 "처음의 나"(「사월에 눈 내리는 이유」)를 찾아 나서고 싶어 하는 것이 정신분석으로 억압된 것은 무의식을 형성해서 계속 반복해서 돌아오게 된다는 것과 맥을 같이 하고 있어서이다. 은어와 오오카바마다라 나비와 시적 자아의 회귀본능의 유사성을 보았기 때문이다. 그는 "은어"와 "오오카바마다라 나비"처럼 운명적인 유전자의 태를 찾아서 여성이자 모성의 상징인 대자연 속으로 돌아가 "농부 수업"(「아이고, 할배요」)을 한다. 남성인 그도 "망울 하나 낳아 놓듯"이 "새로이 탄생하는 뭇 생명"(자서)을 낳아 놓고 싶은 발로에서 밭을 경작하는 행동으로 옮겨 간 것이다. 이렇듯 문학은 진실을 드러내는 데 일조한다. 내가 생각하는 곳에 내가 있는 것이 아니라 내가 생각하지 못하는 곳에 내가 있다는 라캉의 말로 이 글을 끝맺는다. 이제 긴 겨울이 가고 봄이 오고 있다. 봄볕에 시인의 시 가지에 맺혀 있던 꽃망울들이 활짝 피어 만개하길 기대해 본다.

---

2) 대지모신(大地母神, Mother goddess)이란 모성, 생식력, 창조성, 또는 지구의 풍부함을 상징·대표하는 여신이다. 지구 그 자체나 자연 세계와 동일시될 때는 어머니 지구(Mother Earth, Earth Mother)라고 칭해지기도 한다. 대지모 사상(大地母 思想)은 땅(大地)이 곧 어머니(母)라는 생각으로, 과거 농경 사회에서 모든 생산물은 땅에서 얻을 수밖에 없었기 때문에 땅은 생활의 터전인 동시에 만물이 생성되는 근원이었다.

「이 도서의 국립중앙도서관 출판예정도서목록(CIP)은 서지정보유통지원시스템 홈페이지(http://seoji.nl.go.kr)와 국가자료공동목록시스템(http://www.nl.go.kr/kolisnet)에서 이용하실 수 있습니다.(CIP제어번호: CIP2015009637)」

형상시인선 07

꼰대

초판 1쇄 발행 2015년 4월 3일

지은이 우영규 **펴낸이** 임정일
편 집 박세인 **디자인** 표은지

펴낸곳 책나무출판사
출판신고 2004년 4월 22일(제318-00034)

주소 서울시 영등포구 신길3동 325-70 3F
전화 02-338-1228 **팩스** 0505-866-8254
홈페이지 www.booktree.info

ⓒ 우영규 2015
ISBN : 978-89-6339-438-1 03810

*이 책의 판권은 저자와 책나무출판사에 있습니다.
*양측의 서면 동의 없는 무단 전재 및 복제를 금합니다.
*잘못된 책은 바꾸어 드립니다.